国家示范性高等职业教育汽车类“十三五”规划教材
高等职业教育汽车类专业“双证课程”培养方案教材

汽车发动机电控技术与检修

任务工单

主　编　王树春
副主编　沙武中　许　菁
　　　　高加泉　李立琳

学生姓名：____________________

学生专业：____________________

学生班级：____________________

指导教师：____________________

前言 QIANYAN

“汽车发动机电控技术与检修”是汽车检测与维修专业的一门实践性很强的专业必修课程。必要的实训练习是本专业课学习和评价的一个重要组成部分。

通过完成任务工单中要求的任务，学生可以达到以下目的：

1. 规范操作，正确掌握工作流程及维修方法；
2. 加深对所学内容的印象，巩固学习成果；
3. 增强学习中的情感体验，端正学习态度，激发学习积极性；
4. 实现自我监控学习过程，及时发现学习中的薄弱环节，并采取改进措施；
5. 获得相应的成绩记录。

通过完成任务工单中要求的任务，教师可以达到以下目的：

1. 了解学生的学习态度；
2. 对学生的学习行为包括学习过程、动手能力、学习表现进行综合评价；
3. 了解学生学习中存在的问题，及时反馈学习信息，有针对性地进行指导；
4. 分析并帮助学生提高学习能力，使学生学会学习；
5. 记录学生的学习测评分数。

本任务工单的编写重点是：强调应用性，可针对不同车系的实训设备完成实训教学任务；突出操作、工作流程及维修方法的正确性，注重对从事该专业岗位工作的学生职业能力的培养；采用理实一体化教学方式，力求做到理论教学和技能训练有机融合。同时根据教学要求，适时安排课堂互动，从而提高学生综合分析问题、解决问题和实际操作的能力。

目录 MULU

任务工单(一)

<table>
<tr><td>任务名称</td><td colspan="3">发动机电控系统在车认知</td><td>班　　级</td><td></td></tr>
<tr><td>学生姓名</td><td></td><td>实训时间</td><td></td><td>实训地点</td><td></td></tr>
<tr><td>车型</td><td colspan="2"></td><td>VIN 号</td><td colspan="2"></td></tr>
<tr><td colspan="2">每个工位实训学生数量</td><td>3 人/次</td><td>时间</td><td colspan="2">30 分/次</td></tr>
<tr><td>实训目标</td><td colspan="5">1. 正确表述各部件的名称及在车安装位置；
2. 初步认知和基本掌握空气供给系统、燃油供给系统、电子点火系统、电子控制系统各子系统的基本组成。</td></tr>
<tr><td>预备知识</td><td colspan="5">1. 发动机电控系统和各子系统的组成、功用及类型；
2. 电控燃油喷射的优点。</td></tr>
<tr><td>预期效果</td><td colspan="5">能正确表述发动机电控系统各部件的名称及在车安装位置。</td></tr>
<tr><td>注意事项</td><td colspan="5">1. 保护实训设备，不得损坏，保证实训设备的完整性；
2. 拆装工具和专用工具及诊断工具等必须完好，并在课程结束后返还到指导教师手中；
3. 服从管理，注意安全。</td></tr>
<tr><td>实训设备及工具</td><td colspan="5">1. 电控汽油发动机实训台：4 台。
2. 整车：4 辆。</td></tr>
</table>

发动机电控系统在车认知的实施：

◆ 资讯

一、填空题

1. 目前与汽车技术水平关系最密切的法规是：________法规、________法规和安全性法规，又称三大法规。

2. 我国汽车排放控制技术政策建议达到 GB 18352.3—2005（国Ⅲ、国Ⅳ）法规要求所采用的技术措施为：冷启动＋________＋三元催化转化器（闭环控制）＋________＋EGR 或 VVT。

3. 电控汽油机燃油喷射系统基本的架构是由________、________和________等三个子系统组成的。

4. 发动机电控系统从硬件方面看，一般由________组成的输入部分、________和________组成的输出部分等三大部分组成。

5. 传感器作为输入部分，用于测量物理信号（温度、压力、转角和位移等），并按一定规律转换成便于传输和处理的另一种物理量，一般为________。

6. 汽车电子控制系统的输出装置执行器受 ECU 控制，是具体执行某项________的装置。

7. 在开环控制中，系统的输出量对系统的控制作用没有影响，即控制结果与________无关，不需要对________进行检测，也不需要将输出量反馈到系统输入端与输入量________。

8. 在闭环控制中，通过反馈环节将控制对象的输出信号引回到输入端，与 ECU 中存储的设定值相________，求出偏差值，将此差值信号再去控制被控对象的输出信号。

二、简答题

1. 简述国民经济状况、汽车法规及电子技术的应用对促进汽车技术进步的作用。

2. 通过对桑塔纳 AJR 型发动机电控系统组成与福特 1.0 L FOX 发动机电控系统组成的学习，您印象最深的是？

发动机电控系统在车认知的实施：

◆ 通过实训完成下列内容

1. 在车认知电控发动机传感器的名称、外形特征与安装位置。

序号	元器件名称	安装位置	元器件线数

2. 在车认知电控发动机 ECU 及执行器的名称、外形特征与安装位置。

序号	元器件名称	安装位置	元器件线数

3. 记录您在发动机电控系统在车认知实训过程中遇到的疑问。

任务工单(二)

<table>
<tr><td>任务名称</td><td colspan="4">发动机 ECU 电源电路的在车检测</td><td colspan="2">班　　级</td><td></td></tr>
<tr><td>学生姓名</td><td></td><td>实训时间</td><td colspan="2"></td><td colspan="2">实训地点</td><td></td></tr>
<tr><td>车型</td><td colspan="2"></td><td colspan="2">VIN 号</td><td colspan="3"></td></tr>
<tr><td colspan="2">每个工位实训学生数量</td><td colspan="2">3 人/次</td><td colspan="2">时间</td><td colspan="2">30 分/次</td></tr>
<tr><td>实训目标</td><td colspan="7">1. 能正确拆装 ECU 各接线端子线束插头；
2. 能初步掌握识读和分析 ECU 外围电路图；
3. 能初步完成 ECU 外围电路检测工艺的编制；
4. 能正确使用万用表，完成对发动机 ECU 外围电路的供电电压、接地线状态的检测；
5. 能根据检测结果，初步掌握判断和分析故障原因的方法。</td></tr>
<tr><td>预备知识</td><td colspan="7">1. 发动机 ECU 的结构和功能；
2. 发动 ECU 的外围电路特点和电路分析；
3. 典型轿车发动机 ECU 插座各端子的排序规律及含义。</td></tr>
<tr><td>预期效果</td><td colspan="7">1. 能够正确使用万用表，完成对发动机 ECU 外围电路的供电电压、接地线状态的检测；
2. 能根据检测结果，初步掌握判断和分析故障原因的方法。</td></tr>
<tr><td>注意事项</td><td colspan="7">1. 保护实训设备，不得损坏，保证实训设备的完整性；
2. 拆装工具和专用工具及诊断工具等必须完好，并在课程结束后返还到指导教师手中；
3. 服从管理，注意安全。</td></tr>
<tr><td>实训设备及工具</td><td colspan="7">1. 电控汽油发动机实训台：4 台。
2. 整车：4 辆。
3. 汽车专用万用表：4 块。
4. 二极管试灯：4 只。</td></tr>
</table>

发动机 ECU 电源电路在车检测的实施：

◆ 资讯

一、填空题

1. 汽车微机系统也称为________，有时也称为________。

2. 输入回路的作用是将系统中各传感器检测到的________，经过 I/O(输入/输出)接口送入微机，完成在汽车运行过程中对其工况状态的________。

3. 微机的功用是根据汽车不同工况的需要，把各种传感器送来的________，用预先存入微机的处理程序和数据进行运算处理，并把处理结果送至________回路。

4. 输出回路使微机和执行元件间建立联系，将微机的指令转变为________信号来驱动________工作，起着控制信号的生成与放大功能。

5. ________在微机系统中起着控制决策的作用，它用来存储各种控制程序、喷油量脉谱、点火提前角脉谱，以及一些工况修正系数等。

6. 现代轿车的微机系统可在发动机和车身的微机或其他模块之间，以 20 Kbit/s～12 Mbit/s 的速率交流信息。由于汽车微机系统要采集多种工况信息，所以需要采用多路传输信息采样系统，即________系统。

7. 发动机 ECU 一旦出现________，就会造成发动机不能启动或难以启动、无高速、耗油量大等现象。

8. 要使发动机 ECU 工作正常，需要所有传感器输入正确的信号、________正确和________良好。

9. 当怀疑发动机 ECU 有故障时，首先要检查 ECU ________和________是否正常。

10. ECU 一般至少有两个供电电压端，一个供电电压端________点火开关控制，另一个供电电压端________点火开关控制。

二、简答题

1. 简述只读存储器 ROM 和随机存储器 RAM 的异同。

2. 简述 ECU 电源电路检修的注意事项。

发动机 ECU 电源电路在车检测的实施：

◆ 通过实训完成下列内容

1．画出实训车型 ECU 外围电路简图。

2．完成电路分析。

3．写出检测步骤与方法。

4．按要求将相关信息填入表内。

检测项目	检测部位	检测条件(点火开关位置)	检测值	参数值
ECU(　)端子 对搭铁电压(V)	万用表红表笔接(　　) 万用表黑表笔接(　　)			12 V
ECU(　)端子 对搭铁电压(V)	万用表红表笔接(　　) 万用表黑表笔接(　　)			12 V
ECU(　)端子 对搭铁电压(V)	万用表红表笔接(　　) 万用表黑表笔接(　　)			0 V
ECU(　)端子 对地电压(V)	万用表红表笔接(　　) 万用表黑表笔接(　　)			0 V
ECU(　)端子 对搭铁电压(V)	万用表红表笔接(　　) 万用表黑表笔接(　　)			5 V

5．记录您在发动机 ECU 电源电路在车检测实训过程中遇到的疑问。

任务工单(三)

<table>
<tr><td>任务名称</td><td colspan="3">故障诊断仪(解码器)的使用</td><td>班　　级</td><td></td></tr>
<tr><td>学生姓名</td><td></td><td>实训时间</td><td></td><td>实训地点</td><td></td></tr>
<tr><td>车型</td><td colspan="2"></td><td colspan="2">VIN 号</td><td></td></tr>
<tr><td colspan="2">每个工位实训学生数量</td><td>3 人/次</td><td>时间</td><td colspan="2">30 分/次</td></tr>
<tr><td>实训目标</td><td colspan="5">1. 会正确使用故障诊断仪;
2. 掌握读取故障代码、清除故障代码、元件测试及读取数据流的方法;
3. 初步掌握根据故障诊断仪读取的相关信息,判断和分析故障原因的方法。</td></tr>
<tr><td>预备知识</td><td colspan="5">1. 解码器的使用条件;
2. 故障诊断仪(解码器)在故障诊断中的作用。</td></tr>
<tr><td>预期效果</td><td colspan="5">1. 能够正确使用故障诊断仪,完成读取故障代码、清除故障代码、元件测试及读取数据流等操作;
2. 能根据故障诊断仪读取的相关信息,初步掌握判断和分析故障原因的方法。</td></tr>
<tr><td>注意事项</td><td colspan="5">1. 保护实训设备,不得损坏,保证实训设备的完整性;
2. 拆装工具和专用工具及诊断工具等必须完好,并在课程结束后返还到指导教师手中;
3. 服从管理,注意安全。</td></tr>
<tr><td>实训设备及工具</td><td colspan="5">1. 电控汽油发动机实训台:4 台。
2. 整车:4 辆。
3. 汽车专用万用表:4 块。
4. 二极管试灯: 4 只。
5. 故障诊断仪(解码器):4 台。</td></tr>
</table>

故障诊断仪(解码器)使用的实施：

◆ 资讯

一、填空题

1. 车载故障诊断系统的主要任务就是发现________中出现的问题。

2. OBD-Ⅱ具备的九种故障检测功能分别是：缺火检测、________检测、三元催化转化器检测、燃油蒸发排放控制系统检测、________检测、对发动机元件如传感器和执行器从总体上进行检测、________检测、二次空气喷射系统检测和空调系统(氟氯碳制冷剂)检测。

3. OBD-Ⅱ系统的特点在于：诊断座统一，且主要针脚定义统一，故障码代号相同，且故障码意义统一，________增多，________增多，在三元催化转化器的进、出口上都有氧传感器。

4. 读取与清除故障代码是指利用________或________，将汽车电子控制系统各种电控单元中存储的故障代码读出或清除的测试过程。

5. 清除故障代码必须在汽车________时间，并确认________已经排除之后才能进行。

6. 确认故障是否排除时，非常关键的一步是根据使用手册或相关资料，查明出现故障代码的________。

7. 当发动机运转时，利用故障诊断仪将 ECU 内部的控制参数和计算结果等数值以数据表和串行输出方式在故障诊断仪屏幕上一一显示出来的过程，称为________分析。

8. 在进行数据流分析时，根据发动机运转状态和传输数据的变化情况，即可判断________工作是否正常，将特定工况下的传输数据与标准数据进行比较，就能准确判断________和故障部位。

9. 故障诊断仪的测试条件有：蓄电池电压大于________、________熔断器正常，发动机和变速器上的________必须可靠。

二、简答题

1. 简述电控发动机故障诊断的基本原则。

2. 简述电控发动机基本的检测内容。

故障诊断仪(解码器)使用的实施：

◆ 通过实训完成下列内容

1. 按正确的操作步骤在车练习读取故障代码、清除故障代码、读取数据流。

(1) 记录实时的故障代码及代码含义。

故障代码	代码含义	所属类型	读取条件

(2) 记录实时的数据流。

相关传感器或执行器	数据流实际读取值	数据流参数值	数据流所属类型

2. 简述读取数据流的检测条件。

任务工单(四)

<table>
<tr><td>任务名称</td><td colspan="3">基础电路检测与故障分析</td><td>班　　级</td><td></td></tr>
<tr><td>学生姓名</td><td></td><td>实训时间</td><td></td><td>实训地点</td><td></td></tr>
<tr><td>车型</td><td colspan="2"></td><td colspan="2">VIN 号</td><td></td></tr>
<tr><td colspan="2">每个工位实训学生数量</td><td>3 人/次</td><td>时间</td><td colspan="2">30 分/次</td></tr>
<tr><td>实训目标</td><td colspan="5">1. 能正确复述电路故障表现形式;
2. 能正确使用万用表,完成对基础电路开路、高电阻、短路等故障的检测;
3. 初步掌握根据检测结果,判断和分析故障原因的方法。</td></tr>
<tr><td>预备知识</td><td colspan="5">1. 电路故障表现形式;
2. 电路开路、高电阻、短路等故障的特点;
3. 判断和分析电路开路、高电阻、短路等故障原因的方法。</td></tr>
<tr><td>预期效果</td><td colspan="5">1. 能够正确使用万用表,完成对基础电路开路、高电阻、短路等故障的检测;
2. 能根据检测结果,初步掌握判断和分析故障原因的方法。</td></tr>
<tr><td>注意事项</td><td colspan="5">1. 保护实训设备,不得损坏,保证实训设备的完整性;
2. 拆装工具和专用工具及诊断工具等必须完好,并在课程结束后返还到指导教师手中;
3. 服从管理,注意安全。</td></tr>
<tr><td>实训设备及工具</td><td colspan="5">1. 开关、熔断器、灯泡及相关连接线:4 套。
2. 汽车专用万用表:4 块。
3. 二极管试灯: 4 只。
4. 蓄电池:4 个。</td></tr>
</table>

基础电路检测与故障分析的实施：

◆ 资讯

一、填空题

1. 汽车电路中电源线有3根，它们分别是：________、________和________。

2. 常火线直接与蓄电池正极连接，不受________控制。

3. 电控系统中不少电路的开关在接通电路时都向ECU输送信号，且较多地是输送________信号，使ECU能及时地采取相应的________措施。

4. 大功率电器和执行部件的电路都由________控制，而继电器则由相应的________控制，其目的是防止开关烧损。

5. 电控系统中对于由脉冲电压控制的执行部件(如喷油器)电路，都用大功率晶体管控制其________，以提高电路的通、断速度。

6. 执行部件的工作电压都为________，传感器的工作电压多为________，而其信号电压则大多为________。

7. 喷油器是在点火器给ECU提供________信号的情况下喷油的，因此，如果没有高压电，喷油器就不喷油，这是ECU对发动机的一种________功能。

8. 电路常见的故障表现形式有________、________、________和电气元件本体故障等。

9. 短路有多种故障症状，所呈现的故障现象取决于短路在电路中的位置，与电路中________所处的位置有关。

10. 在对电控发动机故障进行诊断时，尽管有先进的仪器，但仪器不是万能的，仪器只能从宏观角度提出一个总的________，而对具体故障的定性判断和排除，最终还是要依靠人的智慧来完成。因此，掌握电喷系统的________、结构与________是十分必要的。

二、简答题

1. 简述电控发动机故障诊断的基本原则。

2. 分别画出开关在电源回路和搭铁回路的基础电路简图。

基础电路检测与故障分析的实施：

◆ 通过实训完成下列内容

1. 画出基础电路简图。

2. 根据下表相关信息完成电路检测和故障分析。

检测项目	检测部位	检测条件	检测值	检测结果分析
蓄电池电压(V)	红表笔接(　　) 黑表笔接(　　)	开关打开		
熔断器上游端子对蓄电池负极电压(V)	红表笔接(　　) 黑表笔接(　　)	开关打开		
		开关闭合		
熔断器下游端子对蓄电池负极电压(V)	红表笔接(　　) 黑表笔接(　　)	开关打开		
		开关闭合		
开关上游端子对蓄电池负极电压(V)	红表笔接(　　) 黑表笔接(　　)	开关打开		
		开关闭合		
开关下游端子对蓄电池负极电压(V)	红表笔接(　　) 黑表笔接(　　)	开关打开		
		开关闭合		
负载上游端子对蓄电池负极电压(V)	红表笔接(　　) 黑表笔接(　　)	开关打开		
		开关闭合		
负载下游端子对蓄电池负极电压(V)	红表笔接(　　) 黑表笔接(　　)	开关打开		
		开关闭合		
负载电压降	红表笔接(　　) 黑表笔接(　　)	开关闭合		
熔断器检测	红表笔接(　　) 黑表笔接(　　)	开关打开 拆下熔断器		
开关检测	红表笔接(　　) 黑表笔接(　　)	断开蓄电池负极和开关连线		
负载电阻	红表笔接(　　) 黑表笔接(　　)	开关打开 拆下负载		

3. 记录您在基础电路检测与故障分析实训过程中遇到的疑问。

任务工单(五)

<table>
<tr><td>任务名称</td><td colspan="3">质量式空气流量传感器的在车检测</td><td>班　　级</td><td></td></tr>
<tr><td>学生姓名</td><td></td><td>实训时间</td><td></td><td>实训地点</td><td></td></tr>
<tr><td>车型</td><td colspan="2"></td><td>VIN 号</td><td colspan="2"></td></tr>
<tr><td colspan="2">每个工位实训学生数量</td><td>3 人/次</td><td>时间</td><td colspan="2">30 分/次</td></tr>
<tr><td>实训目标</td><td colspan="5">1. 能够依据相关知识点,确定质量式空气流量传感器的检测内容;
2. 能够识读和分析质量式空气流量传感器工作电路图;
3. 能够依据相关知识点和借助维修手册,编制质量式空气流量传感器的检测工艺(检测步骤与方法);
4. 能够正确选择检测设备或仪器,检测质量式空气流量传感器的工作参数、运行参数及波形;
5. 能够通过检测值与参数值的比较与分析,判断质量式空气流量传感器产生故障的可能原因。</td></tr>
<tr><td>预备知识</td><td colspan="5">1. 质量式空气流量传感器的工作原理及信号特点;
2. 质量式空气流量传感器与 ECU 连接电路图的分析方法;
3. 质量式空气流量传感器在控制过程中所起的作用;
4. 质量式空气流量传感器出现故障时的诊断方法。</td></tr>
<tr><td>预期效果</td><td colspan="5">1. 能够正确使用万用表,完成对质量式空气流量传感器相关参数的检测;
2. 能根据检测结果,掌握判断和分析质量式空气流量传感器产生故障原因的方法。</td></tr>
<tr><td>注意事项</td><td colspan="5">1. 保护实训设备,不得损坏,保证实训设备的完整性;
2. 拆装工具和专用工具及诊断工具等必须完好,并在课程结束后返还到指导教师手中;
3. 服从管理,注意安全。</td></tr>
<tr><td>实训设备及工具</td><td colspan="5">1. 电控汽油发动机实训台或整车:4 台/辆。
2. 解码器:4 台。
3. 数字式万用表:4 块。
4. 二极管试灯:4 只。
5. 专用检测线:4 组。</td></tr>
</table>

质量式空气流量传感器在车检测的实施：

◆ 资讯

一、填空题

1. 空气流量传感器(AFS)是测量发动机进气量的装置，它将吸入的________转换成电信号送给 ECU，作为决定________和________的主控信号之一，以保证发动机的动力性、经济性和排放指标最优。

2. 在发动机电控系统中按检测对象不同，传感器可分为________传感器、间接负荷传感器及________传感器三种类型。

3. 按工作是否需要电源，传感器可分为________传感器和________传感器两种类型。

4. 按工作原理不同，常见的空气流量传感器有翼片式、卡门涡旋式、热线式、热膜式和温度传感器电阻型等几种型式，其中翼片式和卡门涡旋式所检测到的是________，热线式、热膜式和温度传感器电阻型所检测到的是________。

5. 为避免在信号传输过程中受到干扰而发生畸变，目前生产的多数热式空气流量传感器产品将电路集成在传感器上，这样，从传感器输出的就已是________信号。

6. 热线式或热膜式空气流量传感器内部控制回路的控制目标是使 T_H-T_A 保持恒定，即空气的质量流量 G 越大，则 T_H-T_A 越大，要使 T_H-T_A 保持恒定，则电桥电路中所需要提供的电流 I 就越大。因此，测得________的变化，即可得知________的变化。

7. 空气流量传感器的直流电压信号与进气流量成正比，流量________，电压________。

8. 桑塔纳 2000GSi 轿车热膜式空气流量传感器的检查内容有：传感器的________、传感器的________及传感器的电源控制线电压和传感器与 ECU 的连接线路等。

二、简答题

1. 简述空气流量传感器的功用。

2. 简述质量式空气流量传感器的工作原理。

◆ 通过实训完成下列内容

1. 参照实训车辆及相关资料，画出传感器与 ECU 的连接线路图与插座端子图。

质量式空气流量传感器在车检测的实施：

2. 通过电路分析及参阅维修手册，填写下表内容。

传感器端子与 ECU 端子连接	含　义

3. 完成传感器相关内容的检测。

1）检查空气流量传感器的工作电压。

(1) 关闭点火开关，分别拔下传感器的(　　)线插座和喷油器插座；

(2) 启动发动机，用万用表测量传感器(　　)线插座第(　　)端子与车身搭铁之间的电压，该电压不应低于 11.5 V。

2）检查空气流量传感器的电源控制线。

(1) 关闭点火开关，拔下传感器的(　　)线插座；

(2) 打开点火开关(ON 位)，用万用表测量传感器(　　)线插座的第(　　)端子与第(　　)端子之间的电压，参数值为 5 V。

3）检查传感器的信号输出电压。

方法一：

(1) 关闭点火开关，拔下热膜式空气流量传感器(　　)线插座；

(2) 用两根专用探针做过桥线，分别背插入热膜式空气流量传感器(　　)线插座上的(　　)号端子和(　　)号端子(注：如有检测箱，按正确的方法将检测箱与 ECU 连接；或是实训台，此步省略)；

(3) 用万用表电阻挡检查插入(　　)号、(　　)号端子的专用探针与传感器(　　)线插座的(　　)号、(　　)号端子内的铜片接触是否正常；

(4) 连接传感器(　　)线插座，打开点火开关，检查(　　)和(　　)号端子间的电压，参数值为 0.8 V 或 2 V 左右(不同车系此电压不同)；

(5) 启动发动机，使发动机在不同转速运行，检查(　　)和(　　)号端子间的电压，参数值应在 0.8 V(2 V)～4.8 V 之间变化。

方法二：

根据不同车系，由学生咨询、讨论，自主编制设计性实验的检测工艺。

4）检查连接线路。

(1) 关闭点火开关，断开蓄电池负极电缆，分别拔下传感器的(　　)线插座和 ECU(　　)线插座；

(2)用万用表分别检查传感器(　　)线插座与 ECU(　　)线插座上：(　　)—(　　)、(　　)—(　　)、(　　)—(　　)端子间的导线电阻，其阻值不得大于 0.5 Ω，导线与导线之间不得有短路或漏电，否则要更换线束。

质量式空气流量传感器在车检测的实施：

4. 按要求将相关信息填入表内。

<table>
<tr><th>检测项目</th><th>检测部位</th><th colspan="3">检测值</th><th>参数值</th></tr>
<tr><td rowspan="2">电源电压
/V</td><td rowspan="2">传感器(　　)线插座(　　)
号端子与车身搭铁</td><td colspan="2">点火开关 ON 位</td><td></td><td rowspan="2">＞11.5 V</td></tr>
<tr><td colspan="2">点火开关 ST 位</td><td></td></tr>
<tr><td>电源控制线电压
/V</td><td>传感器(　　)线插座(　　)号
端子与(　　)号端子(可搭铁检验)</td><td colspan="3"></td><td>5 V</td></tr>
<tr><td rowspan="3">信号电压
/V</td><td rowspan="3">传感器(　　)线插座(　　)号
端子与(　　)号端子</td><td rowspan="3">风量</td><td>无</td><td></td><td rowspan="3">0.8 V(2 V)
～4.8 V</td></tr>
<tr><td>小</td><td></td></tr>
<tr><td>大</td><td></td></tr>
<tr><td rowspan="3">连接线路电阻
/Ω</td><td>传感器(　　)线插座的(　　)号端子与
ECU(　　)线插座的(　　)号端子</td><td colspan="3"></td><td>＜0.5 Ω</td></tr>
<tr><td>传感器(　　)线插座(　　)号端子与
ECU(　　)线插座的(　　)号端子</td><td colspan="3"></td><td>＜0.5 Ω</td></tr>
<tr><td>传感器(　　)线插座(　　)号端子与
ECU(　　)线插座的(　　)号端子</td><td colspan="3"></td><td>＜0.5 Ω</td></tr>
</table>

5. 记录您在质量式空气流量传感器在车检测实训过程中遇到的疑问。

6. 思考与讨论：当 ECU 检测不到热膜式空气流量传感器输出的信号电压或检测到错误的信号电压时，试分析故障可能出现的部位。

任务工单(六)

<table>
<tr><td>任务名称</td><td colspan="3">进气歧管绝对压力传感器的在车检测</td><td>班　　级</td><td></td></tr>
<tr><td>学生姓名</td><td></td><td>实训时间</td><td></td><td>实训地点</td><td></td></tr>
<tr><td>车型</td><td colspan="2"></td><td>VIN 号</td><td colspan="2"></td></tr>
<tr><td>每个工位实训学生数量</td><td colspan="2">3 人/次</td><td>时间</td><td colspan="2">30 分/次</td></tr>
<tr><td>实训目标</td><td colspan="5">1. 能够依据相关知识点,确定进气歧管绝对压力传感器的检测内容;
2. 能够识读和分析进气歧管绝对压力传感器工作电路图;
3. 能够依据相关知识点和借助维修手册,编制进气歧管绝对压力传感器的检测工艺(检测步骤与方法);
4. 能够正确选择检测设备或仪器,检测进气歧管绝对压力传感器的工作参数、运行参数及波形;
5. 能够通过检测值与参数值的比较与分析,判定进气歧管绝对压力传感器产生故障的可能原因。</td></tr>
<tr><td>预备知识</td><td colspan="5">1. 进气歧管绝对压力传感器的工作原理及信号特点;
2. 进气歧管绝对压力传感器与 ECU 电路连接图的分析方法;
3. 进气歧管绝对压力传感器在控制过程中所起的作用
4. 进气歧管绝对压力传感器出现故障时的诊断方法。</td></tr>
<tr><td>预期效果</td><td colspan="5">1. 能够正确使用万用表,完成对进气歧管绝对压力传感器相关参数的检测;
2. 能根据检测结果,掌握判断和分析进气歧管绝对压力传感器产生故障原因的方法。</td></tr>
<tr><td>注意事项</td><td colspan="5">1. 保护实训设备,不得损坏,保证实训设备的完整性;
2. 拆装工具和专用工具及诊断工具等必须完好,并在课程结束后返还到指导教师手中;
3. 服从管理,注意安全。</td></tr>
<tr><td>实训设备及工具</td><td colspan="5">1. 电控汽油发动机实训台或整车:4 台/辆。
2. 解码器:4 台。
3. 数字式万用表:4 块。
4. 二极管试灯:4 只。
5. 专用检测线:4 组。</td></tr>
</table>

进气歧管绝对压力传感器在车检测的实施：

◆ 资讯

一、填空题

1. 进气歧管绝对压力传感器(MAPS)的功用是检测发动机进气歧管中的________，并将压力信号转换为电信号送至 ECU，作为决定________的基本信号之一，以保证发动机的动力性、经济性和排放指标最优。

2. 压力传感器有多种类型，如半导体压敏电阻型、电容型、电感型、表面弹性波型等，而目前车用进气歧管绝对压力传感器采用最普遍的是________型。

3. 进气歧管绝对压力传感器的安装位置比较灵活，只要能将进气歧管内的________引入传感器的真空管内，传感器就可安装在任何位置。

4. 进气歧管绝对压力传感器的信号电压与节气门后方的绝对压力[真空度(节气门开度和发动机转速)]有关。打开点火开关，不启动发动机时标准值应为________；当负荷一定时，发动机怠速运转信号电压较低，为________；当加大油门，发动机转速提高时，信号电压________。

5. 进气歧管绝对压力传感器根据端子一般可分为 3 线式和 4 线式。3 线式进气歧管绝对压力传感器的端子分别为________、________和________；4 线式进气歧管绝对压力传感器的另一个端子为进气温度传感器________。

6. 在发动机尚未运转的情况下，不管安装在什么位置的进气歧管绝对压力传感器测出的气压都是________，因此，许多 ECU 都在点火开关打开而发动机尚未运转时，记下进气歧管绝对压力传感器的输出作为环境状态的记录，也可以采用此测量值作为________修正的参数。

二、简答题

1. 简述半导体压敏电阻型进气歧管绝对压力传感器的功用。

2. 简述半导体压敏电阻型进气歧管绝对压力传感器的工作原理及信号特点。

进气歧管绝对压力传感器在车检测的实施：

◆ 通过实训完成下列内容

1. 参照实训车辆及相关资料，画出传感器与 ECU 的连接线路图与插座端子图。

2. 通过电路分析及参阅维修手册填写下表内容

传感器端子与 ECU 端子连接	含义

3. 完成进气歧管绝对压力传感器相关内容的检测。

1) 供电电压的检测。

(1) 关闭点火开关，拔下进气歧管绝对压力传感器(　　)线插座；

(2) 打开点火开关，用万用表直流电压挡检查进气歧管绝对压力传感器(　　)线插座(　　)与(　　)端子间的电源电压，标准值应为 5 V。

2) 信号电压的检测。

(1) 关闭点火开关，拔下进气歧管绝对压力传感器(　　)线插座；

(2) 用两根专用探针做过桥线，分别背插入进气歧管绝对压力传感器(　　)线插座上的(　　)和(　　)号端子(注：如有检测箱，按正确的方法将检测箱与 ECU 连接；若是实训台，此步省略)；

(3) 用万用表电阻挡检查插入(　　)号、(　　)号端子的专用探针与传感器(　　)线插座的(　　)号、(　　)号端子内的铜片接触是否正常；

(4) 连接传感器(　　)线插座，打开点火开关，检查(　　)和(　　)号端子间的电压，参数值为 3.8～4.2 V；

(5) 启动发动机，怠速运行，检查(　　)和(　　)号端子间的电压，参数值为 0.8～1.3 V；

(6) 加速发动机若干次，检查(　　)和(　　)号端子间的电压，参数值为 0.4～4.6 V。

3) 线束导通性的检测。

(1) 关闭点火开关，断开蓄电池负极电缆；

(2) 分别拔下进气歧管绝对压力传感器的(　　)线插座和 ECU 的(　　)线插座。检查传感器(　　)线插座与 ECU(　　)线插座：(　　)—(　　)、(　　)—(　　)、(　　)—(　　)端子间的导线电阻，其阻值不得大于 0.5 Ω，导线与导线之间不得有短路或漏电，否则要更换线束。

4) 记录您在进气歧管绝对压力传感器在车检测实训过程中遇到的疑问。

进气歧管绝对压力传感器在车检测的实施：

4. 填写相关检测值记录表。

<table>
<tr><th>检测项目</th><th>检测部位</th><th colspan="2">检测值</th><th>参数值</th></tr>
<tr><td>供电电压
/V</td><td>传感器(　　)线插座(　　)号端子与(　　)号端子(可搭铁检验)</td><td colspan="2">5 V</td><td></td></tr>
<tr><td rowspan="3">信号电压
/V</td><td rowspan="3">传感器(　　)线插座(　　)号端子与(　　)号端子</td><td>打开点火开关</td><td></td><td>3.8～4.2 V</td></tr>
<tr><td>怠速运行</td><td></td><td>0.8～1.3 V;</td></tr>
<tr><td>节气门开度变化</td><td></td><td>0.4～4.6 V</td></tr>
<tr><td rowspan="3">连接线路电阻
/Ω</td><td>传感器(　　)线插座的(　　)号端子与ECU(　　)线插座的(　　)号端子</td><td colspan="2"></td><td><0.5 Ω</td></tr>
<tr><td>传感器(　　)线插座的(　　)号端子与ECU(　　)线插座的(　　)号端子</td><td colspan="2"></td><td><0.5 Ω</td></tr>
<tr><td>传感器(　　)线插座的(　　)号端子与ECU(　　)线插座的(　　)号端子</td><td colspan="2"></td><td><1.0 Ω</td></tr>
</table>

5. 思考与讨论。

(1) 当ECU检测不到进气歧管绝对压力传感器输出的信号电压时，试分析故障可能出现的部位。

(2) 当ECU检测到的进气歧管绝对压力传感器输出的信号电压是错误的信号电压时，试分析故障可能出现的部位。

任务工单(七)

<table>
<tr><td>任务名称</td><td colspan="3">综合式节气门位置传感器的在车检测</td><td>班　　级</td><td></td></tr>
<tr><td>学生姓名</td><td></td><td>实训时间</td><td></td><td>实训地点</td><td></td></tr>
<tr><td>车型</td><td colspan="2"></td><td colspan="2">VIN 号</td><td></td></tr>
<tr><td colspan="2">每个工位实训学生数量</td><td>3 人/次</td><td>时间</td><td colspan="2">30 分/次</td></tr>
<tr><td>实训目标</td><td colspan="5">1. 能够依据相关知识点，确定综合式节气门位置传感器的检测内容；
2. 能够识读和分析综合式节气门位置传感器工作电路图；
3. 能够依据相关知识点和借助维修手册，编制综合式节气门位置传感器的检测工艺(检测步骤与方法)；
4. 能够正确选择检测设备或仪器，检测综合式节气门位置传感器的工作参数、运行参数及波形；
5. 能够通过检测值与参数值的比较与分析，判定综合式节气门位置传感器产生故障的可能原因。</td></tr>
<tr><td>预备知识</td><td colspan="5">1. 综合式节气门位置传感器的工作原理及信号特点；
2. 综合式节气门位置传感器与 ECU 连接电路图的分析方法；
3. 综合式节气门位置传感器在控制过程中所起的作用；
4. 综合式节气门位置传感器出现故障时的诊断方法。</td></tr>
<tr><td>预期效果</td><td colspan="5">1. 能够正确使用万用表，完成对综合式节气门位置传感器相关参数的检测；
2. 能根据检测结果，掌握判断和分析综合式节气门位置传感器产生故障原因的方法。</td></tr>
<tr><td>注意事项</td><td colspan="5">1. 保护实训设备，不得损坏，保证实训设备的完整性；
2. 拆装工具和专用工具及诊断工具等必须完好，并在课程结束后返还到指导教师手中；
3. 服从管理，注意安全</td></tr>
<tr><td>实训设备及工具</td><td colspan="5">1. 电控汽油发动机实训台或整车：4 台/辆。
2. 解码器：4 台。
3. 数字式万用表：4 块。
4. 二极管试灯：4 只。
5. 专用检测线：4 组。</td></tr>
</table>

综合式节气门位置传感器在车检测的实施：

◆ 资讯

一、填空题

节气门位置传感器(TPS)安装在节气门体轴上，与________联动，传统方式是由驾驶员操纵油门踏板上的拉索来控制________，而电子节气门则由 ECU 根据油门踏板位置信号控制节气门体上的________来控制节气门的开度。

2. 随着电控技术在汽油发动机上的应用与发展，先后出现了触点(开关)式、________式、综合式和________等不同工作原理的节气门位置传感器。

3. 综合式节气门位置传感器是利用________获得节气门开度从全闭到全开连续变化的信号，以及开闭速度的信号，同时增加了一个判断________的开关。

4. 电子节气门位置传感器是由两个节气门位置传感器组合而成的，采用冗余设计以使两个传感器________，当一个传感器发生故障时能及时被识别，在很大程度上增加了系统的可靠性，保证行车的安全性。目前相关车系选用较多的是________和________两种形式。

5. 电子节气门位置传感器由两个节气门位置传感器组合而成，根据输出的信号特点不同可分为两个传感器输出的信号________恒定式和两个传感器输出的信号________恒定式两种。

6. 在电子节气门控制系统中，加速踏板位置传感器用来确定加速踏板位置并将________传递给控制单元 ECU。ECU 根据此信号来判断驾驶员的意图，完成相应的控制，这与非电子节气门控制系统中的________的作用是一样的。

7. 电涡流式加速踏板位置传感器是非接触式，故障率低。其信号特点是通过集成电路输出两路信号：一路为________信号；另一路为________信号。

8. 桑塔纳 2000GSi 轿车使用的节气门位置传感器的检测内容有：G69 的________、G69 与 F60 的信号电压、G69、F60 与 ECU 连接线路的工作状态和 G69、F60 ________等。

二、简答题

1. 简述节气门位置传感器的功用。

◆ 通过实训完成下列内容

1. 参照实训车辆及相关资料，画出传感器与 ECU 的连接线路图与插座端子图。

综合式节气门位置传感器在车检测的实施：

2. 通过电路分析及参阅维修手册填写下表内容。

传感器端子与 ECU 端子连接	含义

3. 完成传感器相关内容的检测。

1）检查节气门位置传感器的工作电压。

(1) 关闭点火开关，拔下节气门组件(　　)线插座；

(2) 打开点火开关，用万用表检测节气门组件(　　)线插座第(　　)号端子与第(　　)号端子之间的电压并记录检测值，该电压不应低于 5 V。

2）检查节气门位置传感器的信号电压。

(1) 关闭点火开关，拔下传感器的(　　)线插座，用专用探针分别背插入传感器(　　)线插座上的(　　)号端子与(　　)号端子；

(2) 用万用表电阻挡检查插入(　　)号端子与(　　)号端子的专用探针与传感器(　　)线插座的(　　)号端子与(　　)号端子内的铜片接触是否正常；

(3) 连接传感器(　　)线插座，打开点火开关，用万用表测量传感器(　　)线插座的(　　)号端子与(　　)号端子在不同节气门开度下的电压，检测值应符合汽车制造商提供的维修手册中的规定。

3）检查怠速开关的信号电压。

(1) 关闭点火开关，拔下传感器的(　　)线插座，用专用探针分别背插入传感器(　　)线插座上的(　　)号端子与(　　)号端子；

(2) 用万用表电阻挡检查插入(　　)号、(　　)号端子的专用探针与传感器(　　)线插座的(　　)号、(　　)号端子内的铜片接触是否正常；

(3) 连接传感器(　　)线插座，打开点火开关，用万用表测量传感器(　　)线插座的(　　)号端子与(　　)号端子在不同节气门开度下的电压并记录检测值，当节气门全闭时检测值应为0 V；节气门全开时应≥9.0 V。

4）检查节气门位置传感器和怠速开关的电阻。

(1) 关闭点火开关，拔下节气门组件(　　)线插座；

(2) 用万用表检测节气门组件(　　)线插座(　　)号端子与(　　)号端子、(　　)号端子与(　　)号端子、(　　)号端子与(　　)号端子在不同节气门开度下的电阻，并记录检测值，检测值应符合汽车制造商提供的维修手册中的规定。

5）检查连接线路。

(1) 关闭点火开关，断开蓄电池负极电缆，分别拔下节气门组件(　　)线插座和 ECU(　　)线插座。

(2) 用万用表分别检测节气门组件(　　)线插座的(　　)号端子与 ECU(　　)线插座的(　　)号端子、(　　)号端子与(　　)号端子、(　　)号端子与(　　)号端子之间的导线电阻并记录检测值，参数值＜0.5 Ω。检测节气门组件(　　)线插座的(　　)号端子与 ECU

综合式节气门位置传感器在车检测的实施：

（　　）线插座的（　　）号端子之间的导线电阻并记录检测值，参数值＜1.0 Ω。导线与导线之间不得有短路或漏电，否则要更换线束。

4. 填写相关检测值记录表。

检测项目	节气门位置	检测部位	检测值	参数值
供电电压/V	全闭	传感器（　　）线插座的（　　）号端子与（　　）号端子（可搭铁检验）		≥4.5 V
	50%			
	全开			
信号电压/V	全闭	传感器（　　）线插座的（　　）号端子与（　）号端子		0.5～4.5 V
	50%			
	全开			
怠速开关（F60）信号电压/V	全闭	传感器（　　）线插座的（　　）号端子与（　　）号端子		0 V
	50%			≥9.0 V
	全开			
传感器电阻/kΩ	全闭	传感器（　　）线插座（　　）号端子与（　　）号端子		
	50%			
	全开			
传感器电阻/kΩ	全闭	传感器（　　）线插座（　　）号端子与（　　）号端子		
	50%			
	全开			
怠速开关（F60）电阻/kΩ	全闭	节气门组件（　　）线插座（　　）号端子与（　　）号端子		＜1.5 Ω
	50%			∞
	全开			
连接线路电阻/Ω		传感器（　　）线插座（　　）号端子与ECU（　　）线插座的（　　）号端子		＜0.5 Ω
		传感器（　　）线插座（　　）号端子与ECU（　　）线插座的（　　）号端子		＜0.5 Ω
		传感器（　　）线插座（　　）号端子与ECU（　　）线插座的（　　）号端子		＜1.0 Ω
		传感器（　　）线插座（　　）号端子与ECU（　　）线插座的（　　）号端子		＜0.5 Ω

思考与讨论

1. 当ECU检测不到节气门位置传感器输出的信号电压或检测到错误的信号电压时，试分析故障可能出现的部位。

任务工单(八)

任务名称	冷却液温度传感器的在车检测			班　级	
学生姓名		实训时间		实训地点	
车型			VIN 号		
每个工位实训学生数量	3 人/次		时间	30 分/次	
实训目标	1. 能够依据相关知识点,确定冷却液温度传感器的检测内容; 2. 能够识读和分析冷却液温度传感器工作电路图; 3. 能够依据相关知识点和借助维修手册,编制冷却液温度传感器的检测工艺(检测步骤与方法); 4. 能够正确选择检测设备或仪器,检测冷却液温度传感器的工作参数、运行参数及波形; 5. 能够通过检测值与参数值的比较与分析,判定冷却液温度传感器产生故障的可能原因。				
预备知识	1. 冷却液温度传感器的工作原理及信号特点; 2. 冷却液温度传感器与 ECU 连接电路图的分析方法; 3. 冷却液温度传感器在控制过程中所起的作用; 4. 冷却液温度传感器出现故障时的诊断方法。				
预期效果	1. 能够正确使用万用表,完成对冷却液温度传感器相关参数的检测; 2. 能根据检测结果,掌握判断和分析冷却液温度传感器产生故障原因的方法。				
注意事项	1. 保护实训设备,不得损坏,保证实训设备的完整性; 2. 拆装工具和专用工具及诊断工具等必须完好,并在课程结束后返还到指导教师手中; 3. 服从管理,注意安全。				
实训设备及工具	1. 电控汽油发动机实训台或整车:4 台/辆。 2. 解码器:4 台。 3. 数字式万用表:4 块。 4. 二极管试灯:4 只。 5. 专用检测线:4 组。				

冷却液温度传感器在车检测的实施：

◆ 资讯

一、填空题

1. 温度是反映发动机________状态的重要参数。

2. 热敏电阻可分为正温度系数(PTC)型热敏电阻、负温度系数(NTC)型热敏电阻、临界温度型热敏电阻和线性热敏电阻，汽车上常用的是________型热敏电阻式温度传感器。

3. 冷却液温度传感器的功能是检测发动机冷却液的温度，并将温度信号转换为电信号传送给发动机电控单元，电控单元根据该信号修正________和________，使发动机工况处于最佳运行状态。

4. 如果冷却液温度传感器故障或信号中断，发动机电控单元将启动备用模式，把冷却液温度值设定在________左右，同时记录________。

5. 负温度系数(NTC)型热敏电阻式温度传感器，其阻值具有温度升高________，温度降低________的特性。

6. 冷却液温度传感器的两个电极用导线与ECU插座连接。ECU内部串联一只分压电阻，ECU向热敏电阻和分压电阻组成的分压电路提供一个稳定的________电压，传感器输入ECU的信号电压等于热敏电阻上的________。

7. 空气质量大小与大气的密度和大气压力高低密切相关。当进气温度低时，________，相同体积气体的氧含量________；反之，当进气温度升高时，________，相同体积气体的氧含量________。

8. 中高档轿车燃油喷射系统一般采用________式温度传感器，低档轿车燃油喷射系统以及汽车仪表一般采用________式温度传感器。

二、简答题

1. 简述冷却液温度传感器的主要用途。

◆ 通过实训完成下列内容

1. 参照实训车辆及相关资料，画出传感器与ECU的连接线路图与插座端子图。

冷却液温度传感器在车检测的实施：

2. 通过电路分析及参阅维修手册填写下表内容。

传感器端子与 ECU 端子连接	含义

3. 完成传感器相关内容的检测。

1）检查冷却液温度传感器的工作电压。

（1）关闭点火开关，拔下冷却液温度传感器（　　）线插座；

（2）打开点火开关，用万用表检测冷却液温度传感器（　　）线插座（　　）号端子与（　　）号端子间的电压，并记录检测值，参数值为 5 V。

2）检查冷却液温度传感器的信号电压。

（1）关闭点火开关，按要求正确地将解码器与发动机自诊断插座相连；

（2）拔下传感器的（　　）线插座，用专用探针分别背插入传感器（　　）线插座上的（　　）号端子与（　　）号端子；

（3）用万用表电阻挡检查插入（　　）号、（　　）号端子的专用探针与传感器（　　）线插座的（　　）号、（　　）号端子内的铜片接触是否正常；

（4）启动发动机，然后接通解码器电源开关，按正确的操作程序读取冷却液温度传感器数据流而获得发动机实时的冷却液温度；

（5）用万用表检测冷却液温度传感器（　　）线插座（　　）号端子与（　　）号端子间在不同温度下的电压，并记录检测值，检测值应符合汽车制造商提供的维修手册中的规定。

3）检查连接线路。

（1）关闭点火开关，断开蓄电池负极电缆，分别拔下冷却液温度传感器（　　）线插座和 ECU（　　）线插座。

（2）用万用表检测冷却液温度传感器（　　）线插座的（　　）号端子与 ECU（　　）线插座的（　　）号端子之间的导线电阻并记录检测值，参数值＜1.0 Ω；检测冷却液温度传感器（　　）线插座的（　　）号端子与 ECU（　　）线插座的（　　）号端子之间的导线电阻并记录检测值，参数值＜0.5 Ω。导线与导线之间不得有短路或漏电，否则要更换线束。

4）检查冷却液温度传感器的热敏电阻。

（1）关闭点火开关，从发动机上拆下冷却液温度传感器；

（2）将冷却液温度传感器置入一杯水中，用万用表检测冷却液温度传感器（　　）线插座第（　　）号端子与第（　　）号端子在不同温度下的电阻值并记录检测值，检测值应符合汽车制造商提供的维修手册中的规定。

冷却液温度传感器在车检测的实施：

4. 填写相关检测值记录表。

<table>
<tr><th>检测项目</th><th>检测部位</th><th>温度/(℃)</th><th>检测值</th><th>参数值</th></tr>
<tr><td>供电电压
/V</td><td>传感器（　　）线插座（　　）号端子与（　　）号端子间的电压(可搭铁检验)。注：拔下冷却液温度传感器（　　）线插座</td><td>/</td><td></td><td>5 V</td></tr>
<tr><td rowspan="3">信号电压
/V</td><td rowspan="3">传感器（　　）线插座（　　）号端子与（　　）号端子间的电压。注：不拔下冷却液温度传感器（　　）线插座</td><td></td><td></td><td rowspan="3">符合维修手册中的规定</td></tr>
<tr><td></td><td></td></tr>
<tr><td></td><td></td></tr>
<tr><td rowspan="3">传感器电阻
/kΩ</td><td rowspan="3">传感器（　　）线插座第（　　）号端子与第（　　）号端子</td><td></td><td></td><td rowspan="3">符合维修手册中的规定</td></tr>
<tr><td></td><td></td></tr>
<tr><td></td><td></td></tr>
<tr><td rowspan="2">连接线路电阻
/Ω</td><td>传感器（　　）线插座（　　）号端子与 ECU（　　）线插座的（　　）号端子</td><td>/</td><td></td><td><1.0 Ω</td></tr>
<tr><td>传感器（　　）线插座（　　）号端子与 ECU（　　）线插座的（　　）号端子</td><td>/</td><td></td><td><0.5 Ω</td></tr>
</table>

5. 思考与讨论

1. 当 ECU 检测不到冷却液温度传感器输出的信号电压时，试分析故障可能出现的部位。

任务工单(九)

<table>
<tr><td>任务名称</td><td colspan="3">霍尔式转速传感器的在车检测</td><td>班　　级</td><td></td></tr>
<tr><td>学生姓名</td><td></td><td>实训时间</td><td></td><td>实训地点</td><td></td></tr>
<tr><td>车型</td><td colspan="2"></td><td colspan="2">VIN 号</td><td></td></tr>
<tr><td colspan="2">每个工位实训学生数量</td><td>3 人/次</td><td>时间</td><td colspan="2">30 分/次</td></tr>
<tr><td>实训目标</td><td colspan="5">1. 能够依据相关知识点,确定霍尔式转速传感器的检测内容;
2. 能够识读和分析霍尔式转速传感器工作电路图;
3. 能够依据相关知识点和借助维修手册,编制霍尔式转速传感器的检测工艺(检测步骤与方法);
4. 能够正确选择检测设备或仪器,检测霍尔式转速传感器的工作参数、运行参数及波形;
5. 能够通过检测值与参数值的比较与分析,判定霍尔式转速传感器产生故障的可能原因。</td></tr>
<tr><td>预备知识</td><td colspan="5">1. 霍尔式转速传感器的工作原理及信号特点;
2. 霍尔式转速传感器与 ECU 连接电路图的分析方法;
3. 霍尔式转速传感器在控制过程中所起的作用;
4. 霍尔式转速传感器出现故障时的诊断方法。</td></tr>
<tr><td>预期效果</td><td colspan="5">1. 能够正确使用万用表,完成对霍尔式转速传感器相关参数的检测;
2. 能根据检测结果,掌握判断和分析霍尔式转速传感器产生故障原因的方法。</td></tr>
<tr><td>注意事项</td><td colspan="5">1. 保护实训设备,不得损坏,保证实训设备的完整性;
2. 拆装工具和专用工具及诊断工具等必须完好,并在课程结束后返还到指导教师手中;
3. 服从管理,注意安全。</td></tr>
<tr><td>实训设备及工具</td><td colspan="5">1. 电控汽油发动机实训台或整车:4 台/辆。
2. 解码器:4 台。
3. 数字式万用表:4 块。
4. 二极管试灯:4 只。
5. 专用检测线:4 组。</td></tr>
</table>

霍尔式转速传感器在车检测的实施：

◆ 资讯

一、填空题

1. 转速传感器的任务是和信号发生装置（信号盘）配合，将相关旋转件的________和________信息传递给 ECU，使 ECU 能根据转角位置信号的频率得出特定轴的转速和转角。

2. 发动机电子控制系统常用的转速传感器根据其工作原理不同可分为________、光电效应式、________和________四种类型。

3. 霍尔式传感器就是霍尔效应的具体表现形式，霍尔效应装置的核心是________本身。

4. 在不同的结构布置中，霍尔式传感器可用于________、________、________、测定加速度和测量转速。

5. 目前汽车采用的霍尔式凸轮轴位置传感器获得信号电压的方式有两种，一种是通过触发轮旁路到达霍尔元件的________获得信号电压，另一种是通过触发轮（触发轮上布置了磁极）的运动或位移，改变通过霍尔元件的________获得信号电压。

6. 汽车上应用的霍尔式传感器与日俱增，主要原因在于霍尔式传感器有两个突出优点：一是输出电压信号近似于________；二是输出电压高低与被测物体的________无关。

7. 发动机曲轴位置传感器的功用是检测发动机的转速和曲轴位置信号并输入 ECU，ECU 根据发动机转速和曲轴位置信号，控制________和________。

8. 发动机凸轮轴位置传感器的功用是检测发动机的凸轮轴位置信号并输入 ECU。控制喷油开始时刻和点火时刻需要识别哪一缸处于________的位置，进行________和________的控制。

◆ 通过实训完成下列内容

1. 参照实训车辆及相关资料，画出传感器与 ECU 的连接线路图与插座端子图。

2. 通过电路分析及参阅维修手册填写下表内容。

传感器端子与 ECU 端子连接	含义

3. 完成传感器相关内容的检测。

1）读取故障代码。

读取故障存储中的故障代码，并记录相关信息。

2）检查传感器的工作电压。

（1）关闭点火开关，拔下传感器（　　）线插座；

（2）打开点火开关，用万用表检测传感器（　　）线插座（　　）号端子与（　　）号端子间的电压，并记录检测值，参数值为 5 V。

霍尔式转速传感器在车检测的实施：

3）检查传感器的开路电压。

（1）关闭点火开关，拔下传感器（　　）线插座；

（2）打开点火开关，用万用表检测传感器（　　）线插座（　　）号端子与（　　）号端子间的电压，并记录检测值，参数值应大于 11.5 V。

4）检查传感器的信号电压。

（1）关闭点火开关，拔下传感器的（　　）线插座；

（2）用专用探针分别背插入传感器（　　）线插座上的（　　）号端子与（　　）号端子；

（3）用万用表电阻挡检查插入（　　）号、（　　）号端子的专用探针与传感器（　　）线插座的（　　）号、（　　）号端子内的铜片接触是否正常；

（4）连接传感器（　　）线插座，用二极管试灯连接传感器（　　）号端子与（　　）号端子；

（5）打开点火开关，启动发动机数秒钟，此时二极管试灯应均匀闪烁（发动机每转 2 圈，二极管试灯闪烁 1 次）。

5）检查连接线路。

（1）关闭点火开关，断开蓄电池负极电缆，分别拔下传感器（　　）线插座和 ECU（　　）线插座；

（2）用万用表分别检测传感器（　　）线插座与 ECU（　　）线插座的（　　）号端子与（　　）号端子、（　　）号端子与（　　）号端子、（　　）号端子与（　　）号端子的导线电阻，其阻值不得大于 0.5 Ω，导线与导线之间不得有短路或漏电，否则要更换线束。

4. 填写相关检测值记录表。

检测项目	检测部位	检测值	参数值
电源电压/V	传感器（　　）线插座（　　）号端子与（　）号端子（可搭铁检验）		5 V
开路电压/V	传感器（　　）线插座（　　）号端子与（　　）号端子（可搭铁检验）		11.5 V
信号电压/V	传感器（　　）线插座（　　）号端子与（　　）号端子		二极管试灯应均匀闪烁
连接线路电阻/Ω	传感器（　　）线插座（　　）号端子与 ECU（　　）线插座的（　　）号端子		<0.5 Ω
	传感器（　　）线插座（　　）号端子与 ECU（　　）线插座的（　　）号端子		<0.5 Ω
	传感器（　　）线插座（　　）号端子与 ECU（　　）线插座的（　　）号端子		<1.0 Ω

思考与讨论

1. 当 ECU 检测不到霍尔式转速传感器输出的信号电压时，试分析故障可能出现的部位。

任务工单(十)

<table>
<tr><td>任务名称</td><td colspan="3">独立点火系统点火线圈的在车检测</td><td>班　　级</td><td></td></tr>
<tr><td>学生姓名</td><td></td><td>实训时间</td><td></td><td>实训地点</td><td></td></tr>
<tr><td>车型</td><td colspan="2"></td><td colspan="2">VIN 号</td><td></td></tr>
<tr><td colspan="2">每个工位实训学生数量</td><td colspan="2">3 人/次</td><td>时间</td><td>30 分/次</td></tr>
<tr><td>实训目标</td><td colspan="5">1. 能够依据相关知识点,确定独立点火系统点火线圈的检测内容;
2. 能够识读和分析独立点火系统点火线圈工作电路图;
3. 能够依据相关知识点和借助维修手册,编制独立点火系统点火线圈的检测工艺(检测步骤与方法);
4. 能够正确选择检测设备或仪器,检测独立点火系统点火线圈的工作参数、运行参数及波形;
5. 能够通过检测值与参数值的比较与分析,判定独立点火系统点火线圈产生故障的可能原因。</td></tr>
<tr><td>预备知识</td><td colspan="5">1. 独立点火系统点火线圈的工作原理及信号特点;
2. 独立点火系统点火线圈与 ECU 连接电路图的分析方法;
3. 独立点火系统点火线圈在控制过程中所起的作用;
4. 独立点火系统点火线圈出现故障时的诊断方法。</td></tr>
<tr><td>预期效果</td><td colspan="5">1. 能够正确使用万用表,完成对独立点火系统点火线圈相关参数的检测;
2. 能根据检测结果,掌握判断和分析独立点火系统点火线圈产生故障原因的方法。</td></tr>
<tr><td>注意事项</td><td colspan="5">1. 保护实训设备,不得损坏,保证实训设备的完整性;
2. 拆装工具和专用工具及诊断工具等必须完好,并在课程结束后返还到指导教师手中;
3. 服从管理,注意安全。</td></tr>
<tr><td>实训设备及工具</td><td colspan="5">1. 电控汽油发动机实训台或整车:4 台/辆。
2. 解码器:4 台。
3. 数字式万用表:4 块。
4. 二极管试灯:4 只。
5. 专用检测线:4 组。</td></tr>
</table>

独立点火系统点火线圈在车检测的实施：

◆ 资讯

一、填空题

1. 汽油机电控系统执行器的功用是将 ECU 送来的________信号变换成________。

2. 喷油器安装在燃油分配管上，其功用是接收来自发动机 ECU 的信号，________燃油喷射系统的________。

3. 喷油器按电磁线圈阻值可分为________和________两种。

4. 当针阀行程、喷口面积确定，喷口处环境压力与燃油压力的差值保持恒定时，则喷油量就由________，即________的通电时间来决定。

5. 怠速执行器的功用是发动机处于怠速时，根据 ECU 送来的控制信号调整进入发动机的________，从而调节________。

6. 怠速执行器按照执行器驱动方式的不同有________、________和________等类型。

7. 直流伺服电机现广泛采用脉冲宽度调制(PWM)技术。控制单元通过调节脉宽调制信号的________来控制直流电机转角的大小。

8. 点火模块的主要功能是接收 ECU 发出的有关指令，在合适的时刻由________内部控制电路通过________、火花塞点燃气缸中被压缩的________，使各缸依次完成各自的工作循环，不断地将热能转换为机械能，达到驱动汽车行驶的目的。

9. 独立点火系统中点火模块与点火线圈组合有两种类型：一类是点火模块与 ECU ________在一起，控制点火线圈点火的功率部件在 ECU 上；另一类是点火模块与点火线圈________在一起，ECU 只给控制信号。

10. 所谓闭合角，是指点火线圈初级电路通电期间________。

二、简答题

1. 简述电子点火模块的作用。

◆ 通过实训完成下列内容

1. 参照实训车辆及相关资料，画出独立点火系统点火线圈与 ECU 的连接线路图与插座端子图。

2. 通过电路分析及参阅维修手册填写下表内容。

点火线圈端子与 ECU 端子连接	含义

独立点火系统点火线圈在车检测的实施：

3. 完成独立点火系统点火线圈相关内容的检测。

1）外观检测。

检查点火线圈外观是否有损坏，插头是否松动，是否有腐蚀的部位，点火线圈的固定螺栓是否符合规定扭矩要求。

2）读取故障代码。

在发动机怠速运转下，读取故障存储中的故障代码，若故障码显示某个点火线圈有故障，应首先检测点火线圈的工作电压。

3）检查点火线圈的工作电压。

关闭点火开关，拔下故障点火线圈的（　　）线插座，打开点火开关，用万用表测量（　　）线插座的第（　　）号端子与车身搭铁点之间的电压，该电压不应低于 11.5 V。

4）检查初级线圈信号输出。

关闭点火开关，拔下故障点火线圈的（　　）线插座，用专用探针分别背插入点火线圈（　　）线插座的（　　）号端子与（　　）号端子。用万用表电阻挡检查插入（　　）号端子与（　　）号端子的专用探针与点火线圈（　　）线插座的（　　）号端子与（　　）号端子内的铜片接触是否正常。连接点火线圈的（　　）线插座，打开点火开关，启动发动机：

（方法一） 用二极管试灯检查故障点火线圈（　　）线插座的（　　）号端子与（　　）号端子，二极管试灯应闪烁；

（方法二） ECM 对初级线圈的控制信号是脉冲宽度调制（PWM）信号，可以通过万用表检测故障点火线圈（　　）线插座的（　　）号端子与（　　）号端子随着转速变化的占空比，无故障时占空比应随转速提高而增加。否则，点火线圈与 ECM 有关的连接线路有故障，应排除。

5）检查连接线路。

关闭点火开关，断开蓄电池负极电缆，分别拔下故障点火线圈的（　　）线插座和 ECM 上的（　　）线插座。分别检查故障点火线圈插座与 ECM 插座上：（　　）—（　　）、（　　）—（　　）端子间的导线电阻，其阻值始终小于 1 Ω；检查（　　）号端子与车身搭铁间的导线电阻，其阻值始终小于 1 Ω；检查故障点火线圈（　　）线插座的（　　）、（　　）、（　　）号端子与车身搭铁间的电阻，其阻值始终大于 10 kΩ 或更大，否则要更换线束。

6）点火线圈的性能检测。

关闭点火开关，拔下故障点火线圈的（　　）线插座，用万用表测量：

（1）测量初级绕组电阻，测量（　　）线插头的（　　）号端子与（　　）号端子，由于内部具有大功率三极管，对点火线圈的各端子进行测量时都应有电阻存在，否则说明点火线圈内部的三极管损坏；

（2）测量次级绕组电阻，测量（　　）线插头的（　　）号端子与火花塞连接端子，由于内部具有大功率二极管，点火线圈只能正向测量次级绕组的电阻，检测值应符合维修手册要求，否则要更换点火线圈。

独立点火系统点火线圈在车检测的实施：

4. 填写相关检测值记录表。

<table>
<tr><th>检测项目</th><th>检测部位</th><th>检测值</th><th>参数值</th></tr>
<tr><td>外观检测</td><td>点火线圈外观是否有损坏，插头是否松动，是否有腐蚀的部位，点火线圈的固定螺栓是否符合规定扭矩要求</td><td></td><td></td></tr>
<tr><td>工作电压</td><td>故障点火线圈(　　)线插座的第(　　)号端子与车身搭铁点之间的电压</td><td></td><td></td></tr>
<tr><td rowspan="2">初级线圈信号输出</td><td>(方法一)　故障点火线圈(　　)线插座的(　　)号端子与(　　)号端子</td><td></td><td>二极管试灯应均匀闪烁</td></tr>
<tr><td>(方法二)　故障点火线圈(　　)线插座的(　　)号端子与(　　)号端子</td><td></td><td>占空比应随转速提高而增加</td></tr>
<tr><td rowspan="3">连接线路电阻/Ω</td><td>故障点火线圈插座与 ECM 插座上：(　　)—(　　)、(　　)—(　　)端子</td><td></td><td><1 Ω</td></tr>
<tr><td>故障点火线圈的(　　)线插座(　　)号端子与车身搭铁</td><td></td><td><1 Ω</td></tr>
<tr><td>故障点火线圈的(　　)线插座的(　　)、(　　)、(　　)号端子与车身搭铁</td><td></td><td>>10 kΩ</td></tr>
<tr><td>初级绕组电阻</td><td>(　　)线插头的(　　)号端子与(　　)号端子</td><td></td><td rowspan="2">电阻值符合维修手册要求</td></tr>
<tr><td>次级绕组电阻</td><td>(　　)线插头的(　　)号端子与火花塞连接端子</td><td></td></tr>
</table>

思考与讨论

1. 当检测不到某点火线圈的控制信号时，试分析故障可能出现的部位。

任务工单(十一)

<table>
<tr><td>任务名称</td><td colspan="3">发动机不能启动、启动困难或怠速异常等
（由空气供给系统相关故障引发）</td><td>班　　级</td><td></td></tr>
<tr><td>学生姓名</td><td></td><td>实训时间</td><td></td><td>实训地点</td><td></td></tr>
<tr><td>车型</td><td colspan="2"></td><td colspan="2">VIN 号</td><td></td></tr>
<tr><td colspan="2">每个工位实训学生数量</td><td colspan="2">3 人/次</td><td>时间</td><td>30 分/次</td></tr>
<tr><td>实训目标</td><td colspan="5">1. 依据故障现象，能初步掌握分析由空气供给系统引起的相关故障原因的方法；
2. 能合理选用检测手段和方法对空气供给系统引起的综合故障进行检测；
3. 初步具备识读和分析空气供给系统相关控制电路的能力；
4. 能够通过检测值与参数值的比较与分析，判定产生故障的可能原因。</td></tr>
<tr><td>预备知识</td><td colspan="5">1. 空气供给系统的组成、功用及类型；
2. 空气供给系统主要部件在系统中所起的作用；
3. 空气供给系统的控制内容和控制过程；
4. 空气供给系统综合故障检修的流程和方法。</td></tr>
<tr><td>预期效果</td><td colspan="5">1. 能够完成由空气供给系统引起的综合故障的分析和检测；
2. 能根据检测结果，分析判断可能的故障原因。</td></tr>
<tr><td>注意事项</td><td colspan="5">1. 保护实训设备，不得损坏，保证实训设备的完整性；
2. 拆装工具和专用工具及诊断工具等必须完好，并在课程结束后返还到指导教师手中；
3. 服从管理，注意安全。</td></tr>
<tr><td>实训设备及工具</td><td colspan="5">1. 电控汽油发动机实训台或整车：4 台/辆。
2. 解码器：4 台。
3. 数字式万用表：4 块。
4. 二极管试灯：4 只。
5. 专用检测线：4 组。</td></tr>
<tr><td colspan="6">检测与诊断实施：</td></tr>
<tr><td colspan="6">一、核对故障现象及故障发生的条件</td></tr>
</table>

检测与诊断实施：
二、读取并记录故障码
三、工作原理(信息流程示意图)分析
四、利用电路图分析可能故障点
五、检测与维修的主要步骤与方法
六、检测结果分析及维修故障
七、功能恢复检查

任务工单(十二)

<table>
<tr><td>任务名称</td><td colspan="3">发动机不能启动、启动困难或怠速异常等
(由燃油供给系统相关故障引发)</td><td>班　　级</td><td></td></tr>
<tr><td>学生姓名</td><td></td><td>实训时间</td><td></td><td>实训地点</td><td></td></tr>
<tr><td>车型</td><td colspan="2"></td><td>VIN 号</td><td colspan="2"></td></tr>
<tr><td colspan="2">每个工位实训学生数量</td><td>3 人/次</td><td>时间</td><td colspan="2">30 分/次</td></tr>
<tr><td>实训目标</td><td colspan="5">1. 依据故障现象,能初步掌握分析由燃油供给系统引起的相关故障原因的方法;
2. 能合理选用检测手段和方法对燃油供给系统引起的综合故障进行检测;
3. 初步具备识读和分析燃油供给系统相关控制电路的能力;
4. 能够通过检测值与参数值的比较与分析,判定产生故障的可能原因。</td></tr>
<tr><td>预备知识</td><td colspan="5">1. 燃油供给系统的组成、功用及类型;
2. 燃油供给系统主要部件在系统中所起的作用;
3. 燃油供给系统的控制内容和控制过程;
4. 燃油供给系统综合故障检修的流程和方法。</td></tr>
<tr><td>预期效果</td><td colspan="5">1. 能够完成由燃油供给系统引起的综合故障的分析和检测;
2. 能根据检测结果,分析判断可能的故障原因。</td></tr>
<tr><td>注意事项</td><td colspan="5">1. 保护实训设备,不得损坏,保证实训设备的完整性;
2. 拆装工具和专用工具及诊断工具等必须完好,并在课程结束后返还到指导教师手中;
3. 服从管理,注意安全。</td></tr>
<tr><td>实训设备及工具</td><td colspan="5">1. 电控汽油发动机实训台或整车:4 台/辆。
2. 解码器:4 台。
3. 数字式万用表:4 块。
4. 二极管试灯:4 只。
5. 专用检测线:4 组。</td></tr>
<tr><td colspan="6">检测与诊断实施:</td></tr>
<tr><td colspan="6">一、核对故障现象及故障发生的条件</td></tr>
</table>

检测与诊断实施：
二、读取并记录故障码
三、工作原理(信息流程示意图)分析
四、利用电路图分析可能故障点
五、检测与维修的主要步骤与方法
六、检测结果分析及维修故障
七、功能恢复检查

任务工单(十三)

<table>
<tr><td>任务名称</td><td colspan="4">发动机不能启动、启动困难或怠速异常等
(由微机控制点火系统相关故障引发)</td><td>班　　级</td><td></td></tr>
<tr><td>学生姓名</td><td></td><td>实训时间</td><td colspan="2"></td><td>实训地点</td><td></td></tr>
<tr><td>车型</td><td colspan="2"></td><td colspan="2">VIN 号</td><td colspan="2"></td></tr>
<tr><td colspan="2">每个工位实训学生数量</td><td colspan="2">3 人/次</td><td colspan="2">时间</td><td>30 分/次</td></tr>
<tr><td>实训目标</td><td colspan="6">1. 依据故障现象,能初步掌握分析由微机控制点火系统引起的相关故障原因的方法;
2. 能合理选用检测手段和方法对微机控制点火系统综合故障进行检测;
3. 初步具备识读和分析微机控制点火系统相关控制电路的能力;
4. 能够通过检测值与参数值的比较与分析,判定微机控制点火系统产生故障的可能原因。</td></tr>
<tr><td>预备知识</td><td colspan="6">1. 微机控制点火系统的组成、功用及类型;
2. 微机控制点火系统主要部件在系统中所起的作用;
3. 点火提前角、闭合角及爆震控制等的控制内容和控制过程;
4. 微机控制点火系统综合故障检修的流程和方法。</td></tr>
<tr><td>预期效果</td><td colspan="6">1. 能够完成对微机控制点火系统综合故障的分析和检测;
2. 能根据检测结果,分析判断可能的故障原因</td></tr>
<tr><td>注意事项</td><td colspan="6">1. 保护实训设备,不得损坏,保证实训设备的完整性;
2. 拆装工具和专用工具及诊断工具等必须完好,并在课程结束后返还到指导教师手中;
3. 服从管理,注意安全</td></tr>
<tr><td>实训设备及工具</td><td colspan="6">1. 电控汽油发动机实训台或整车:4 台/辆。
2. 解码器:4 台。
3. 数字式万用表:4 块。
4. 二极管试灯:4 只。
5. 专用检测线:4 组。</td></tr>
<tr><td colspan="7">检测与诊断实施:</td></tr>
<tr><td colspan="7">一、核对故障现象及故障发生的条件</td></tr>
</table>

检测与诊断实施：
二、读取并记录故障码
三、工作原理(信息流程示意图)分析
四、利用电路图分析可能故障点
五、检测与维修的主要步骤与方法
六、检测结果分析及维修故障
七、功能恢复检查

任务工单(十四)

<table>
<tr><td>任务名称</td><td colspan="3">尾气检测</td><td>班　　级</td><td></td></tr>
<tr><td>学生姓名</td><td></td><td>实训时间</td><td></td><td>实训地点</td><td></td></tr>
<tr><td>车型</td><td colspan="2"></td><td>VIN 号</td><td colspan="2"></td></tr>
<tr><td colspan="2">每个工位实训学生数量</td><td>3 人/次</td><td>时间</td><td colspan="2">30 分/次</td></tr>
<tr><td>实训目标</td><td colspan="5">1. 能够依据废气分析仪使用说明书的要求完成仪器准备；
2. 能够依据检测要求完成受检车辆或发动机准备；
3. 能够借助废气分析仪使用说明书，完成怠速和双怠速的尾气测量；
4. 能够根据检测结果判断发动机相关系统的运行状态及分析故障的可能原因。</td></tr>
<tr><td>预备知识</td><td colspan="5">1. 汽车排放污染物的种类、产生途径与机理；
2. 汽油机排放控制技术的应用；
3. 废气分析仪的使用；
4. 怠速和双怠速的尾气检测的步骤与方法。</td></tr>
<tr><td>预期效果</td><td colspan="5">1. 能够正确使用废气分析仪，完成发动机怠速和双怠速的尾气检测；
2. 能根据检测结果，分析判断发动机相关系统的运行状态及可能的故障原因。</td></tr>
<tr><td>注意事项</td><td colspan="5">1. 保护实训设备，不得损坏，保证实训设备的完整性；
2. 拆装工具和专用工具及诊断工具等必须完好，并在课程结束后返还到指导教师手中；
3. 服从管理，注意安全。</td></tr>
<tr><td>实训设备及工具</td><td colspan="5">1. 电控汽油发动机实训台或整车:2 台(辆)。
2. 解码器:2 台。
3. 废气分析仪:2 台。</td></tr>
</table>

检测与诊断实施：

一、读取并记录故障码

二、写出尾气检测前所需准备的主要内容

三、写出怠速检测程序并完成怠速工况的尾气检测

四、写出双怠速检测程序并完成双怠速工况的尾气检测

五、按下表要求填写相关数据

检测项目	标准数据	检测值
CO		
HC		
NO_x		

六、根据检测结果，分析判断发动机相关系统的运行状态及可能的故障原因。